In 27
40873

ALLOCUTION

PRONONCÉE

PAR M. L'ABBÉ AMETTE,

Vicaire général du diocèse d'Evreux

POUR LE MARIAGE

de Monsieur RENÉ APPERT

ET DE

Mademoiselle MADELEINE LETELLIER

CÉLÉBRÉ EN L'ÉGLISE CATHÉDRALE D'ÉVREUX

le 10 Mai 1892

Monsieur,

Ma chère Enfant,

C'est toujours un spectacle émouvant que celui de deux jeunes fiancés se présentant devant l'autel pour s'unir ensemble sous la bénédiction de Dieu.
Ce qui émeut quand on contemple ce spectacle, ce n'est pas seulement le présent qui s'offre aux regards : c'est plus encore l'avenir qui leur échappe. Le présent est plein de charmes, l'avenir est plein de mystères.

Dans le présent, la jeunesse avec ses grâces et son éclat, l'amour en son premier épanouissement, deux existences humaines à leur printemps, qui, se sentant inclinées l'une vers l'autre par un attrait doux et fort, se rapprochent et se fondent pour n'en faire désormais qu'une seule : quoi de plus souriant et de plus aimable?

Mais dans l'avenir, ces deux existences à jamais liées par un engagement irrévocable, leurs destinées fixées sans retour par un mot, par un acte rapide comme l'éclair : quoi de plus grave et de plus solennel?

Ce n'est pas pour un jour en effet, chers fiancés, ni pour quelques années que vous allez vous donner l'un à l'autre : c'est pour toujours. Vous n'êtes pas de ceux qui ne voient dans le mariage qu'un contrat provisoire et résiliable à volonté. Vous savez que si la loi humaine ne se reconnaît plus capable d'assurer la perpétuité de vos serments, la loi divine n'admet pas que vous puissiez en être jamais déliés. Vos destinées demeureront pour toujours inséparables ; vous ne pourrez être heureux désormais qu'à la condition de l'être tous deux ensemble et l'un par l'autre ; l'union que vous allez contracter décidera donc du bonheur de votre vie.

Et quand je dis votre vie, je n'entends pas parler seulement de celle qui s'écoule ici-bas, courte et périssable. Vous n'êtes pas non plus de ceux qui bornent leur horizon aux étroites limites du temps. Vous savez que vous êtes faits pour l'éternité, et que la vie présente ne vous est donnée que pour en mériter une autre, meilleure et plus durable. Or votre avenir éternel n'est pas moins intéressé que le temporel au contrat que vous allez conclure. Les nouveaux devoirs qui en résulteront pour vous et votre fidélité à les remplir constitueront en effet l'un des principaux titres au bonheur de la vie future, et Dieu entend que, pour y parvenir, vous trouviez dans votre union une aide et un appui.

Ne vous étonnez donc pas si au moment de prononcer une parole dont le retentissement doit se prolonger si loin, vous vous sentez émus d'une émotion plus haute que celle qui vient de la chair et du sang. Ne vous étonnez pas si ceux à qui votre bonheur est cher ne peuvent vous regarder à cette heure sans larmes dans les yeux.

Mais si aimants que soient les cœurs qui vous environnent ici, il y a, j'ose le dire, quelqu'un qui vous aime plus encore, et qui n'a pas moins de souci de vous voir heureux : C'est votre Dieu, votre Créateur et votre Sauveur. — Et parcequ'Il est puissant autant qu'Il est bon, parcequ'Il ne connaît pas, Lui, cette « infirmité, la plus triste au cœur de « l'homme, de pouvoir si peu pour ceux qu'Il « aime, » tandis qu'en cet instant décisif, ceux et celles dont l'affection vous est le plus tendre et le plus dévouée, et vos mères elles-mêmes, doivent se borner à former des vœux pour votre bonheur, Celui dont je parle se prépare à agir pour vous l'assurer.

Vous ne l'ignorez pas en effet, sachant de quelle importance est le mariage dans la vie des enfants des hommes, Notre Seigneur Jésus-Christ a voulu en faire un sacrement, c'est-à-dire un de ces signes efficaces sous le voile desquels il se rend présent à eux et exerce sur eux son action.

Par suite de cette institution divine, les serments que vous allez échanger en face de l'autel vont faire descendre entre vous deux le Dieu qui y réside et faire jaillir dans vos âmes les eaux saintes et salutaires de sa grâce. Il va concourir avec vous à la formation du lien qui vous unira, et c'est pourquoi ce lien, consacré par Lui, sera, comme Lui, immuable; et en même temps il va ouvrir en vous une source qui ne tarira plus et où vous pourrez puiser toujours la vertu céleste qui rendra votre union heureuse pour le temps et pour l'éternité.

Et voilà pourquoi, chers fiancés, si nous sommes émus en vous voyant accomplir un acte si grave, nous ne sommes point inquiets. Il est écrit que « si « le Seigneur ne bâtit la maison, c'est en vain que « travaillent ceux qui la construisent. »

Vous fondez aujourd'hui un foyer nouveau, mais la main du Seigneur se joint aux vôtres pour en poser la première pierre et l'arroser de sa bénédiction : nous avons donc tout lieu d'espérer que le bonheur y habitera avec vous.

Tel est aussi, j'en suis sûr, le principal appui de la confiance qui remplit vos cœurs.

Il est vrai, à ne l'envisager même que dans ses éléments humains, l'alliance que la Providence vous a préparée est pleine des plus riches promesses.

Vous appréciez à leur juste valeur, mon enfant, les qualités de celui qui va devenir votre époux. Favorisé des dons de la fortune, au lieu de s'en prévaloir, comme tant d'autres, pour dissiper sa jeunesse dans l'oisiveté et dans des plaisirs faciles, il n'y a vu qu'un stimulant et un instrument pour de sérieuses études, utiles entre toutes au soulagement de l'humanité, ne voulant d'autres délassements à ses travaux que ceux d'instructifs voyages dans les deux mondes.

La présence, à ses côtés, du prince de la science qui a voulu l'assister dans cette circonstance solennelle, vous dit assez en quelle estime le tiennent ses maîtres. Et vous savez aussi que le développement de l'esprit n'a point fait tort en lui à l'épanouissement du cœur. Sous l'aile d'une mère chrétienne, il a su garder le culte des affections domestiques, et, ce que vous estimez à bon droit plus précieux que tout le reste, — la foi de ses jeunes années..... Il n'est pas de l'école de ce triste savant, qui niait l'âme sous prétexte qu'il ne l'avait jamais rencontrée au bout de son scalpel, comme si les seules réalités que notre raison constate étaient celles qui se voient et se touchent. Bien plutôt, avec le grand initiateur de la méthode expérimentale dont nos modernes sont si fiers, vous diriez, n'est-il pas vrai, Monsieur, que « si un peu de science peut « éloigner de Dieu, beaucoup de science y ramène. « (Bacon). » L'école à laquelle vous vous ferez toujours gloire d'appartenir, c'est celle de cet anatomiste célèbre qui, après avoir décrit dans tous ses détails le merveilleux organisme du corps humain, s'écriait : « Je viens de chanter un hymne au « Créateur ! » — celle de cet illustre chirurgien des temps passés qui après ses cures les plus admirées, aimait à redire : « Je l'ai pansé, Dieu l'a guéri ! » (A. Paré).

Le choix que vous avez fait lorsque vous avez voulu vous donner une compagne, m'assurerait à lui seul que tels sont bien vos sentiments. Vous êtes venu la chercher dans notre modeste cité, au sein d'une famille qui en fait l'édification par l'union de tous ses membres, par ses traditions chrétiennes et par son dévouement au bien.

Vous savez d'après quels principes et sur quels exemples a été formée celle que vous avez préférée à toute autre. Elevée par un père qui s'honore de mettre en tout sa vie d'accord avec ses convictions, par une mère qui sut toujours concilier la pratique de la piété et des bonnes œuvres avec ses devoirs de famille et le soin de sa maison, la chère enfant qui va se donner à vous, vous apporte tout ce qui fait le bonheur intime du foyer, et premièrement cette piété vraie dont saint Paul a dit : « qu'elle est « utile à tout, et qu'elle a les promesses de la vie « présente comme celles de la vie future. »

Si précieux toutefois que soient ces dons qui vous distinguent tous deux, si belles que soient les espérances que vous puissiez fonder sur eux, là n'est pas, je le répète, le meilleur appui de votre confiance. Cette confiance, vous devez surtout la mettre dans la bénédiction de Dieu qui va sceller votre union et dans les grâces que va vous conférer le sacrement de mariage.

Leur premier effet sera de perfectionner votre mutuel amour, et en le rendant plus saint, de le rendre aussi plus fort et surtout plus durable, capable de résister à cette terrible épreuve du temps qui use et décolore tôt ou tard les plus belles affections quand elles ne sont qu'humaines.

Chacun de vous trouvera en outre, dans cette assistance divine, les secours nécessaires pour remplir dignement le rôle qui lui appartient en propre dans la société conjugale. Vous, Monsieur, qui en serez le chef, vous comprenez que pour être toujours à votre épouse un protecteur et un soutien, à vos enfants, s'il plaît au ciel de vous en accorder, un guide et un modèle, vous aurez besoin d'un dévouement constant et éclairé, d'une autorité douce et ferme, d'une entière et inviolable fidélité à tous vos devoirs, à commencer par les plus sacrés, qui sont vos devoirs envers Dieu. A vous, mon enfant, qui devrez être l'ange du foyer, qui pourrait dire tout ce qu'il vous faudra de mansuétude et de force, de sagesse discrète et d'inaltérable tendresse, d'aimable abnégation dans la prospérité et de patience sereine dans les épreuves, pour charmer et sanctifier cette autre âme dont le salut devra vous être aussi cher que le vôtre, et celles que Dieu pourra vous confier dans l'avenir? Toutes ces vertus dont vous vous flatteriez vainement de trouver dans les seules ressources de votre nature le principe et l'aliment, vous les puiserez dans la grâce d'en haut, que les prières de l'Eglise et l'efficacité du sacrement vont attirer sur vous.

Appelez-la donc, cette grâce, de vos plus ardents désirs, et ouvrez vos âmes bien larges pour la recevoir. Que cette assemblée si nombreuse de vos proches et de vos amis s'unisse à vous et à nous pour répéter en votre faveur ce cri suppliant qui tout-à-l'heure s'élèvera de l'autel : « O Dieu, soyez
« avec ces deux enfants uniques que vous avez
« daigné regarder dans votre bonté, et faites qu'ils

« vous bénissent de jour en jour davantage de les
« avoir unis! « ..... *qui misertus es duobus unicis,*
« *fac eos, Domine, plenius benedicere te!* » (Extrait
de la messe de mariage).

Pendant qu'ici-bas, nous ferons pour vous cette prière, là-haut des voix plus puissantes que les nôtres la rediront à Dieu.

Ce sera d'abord, j'aime à le croire, mon enfant, la voix de cette aïeule vénérée, dont la mémoire reste en bénédiction dans cette ville et qui vous enveloppait d'une si vive tendresse. Lorsqu'il y a quelques mois le Seigneur la rappela à lui, elle emportait dans son cœur, comme sa dernière préoccupation terrestre, la pensée de l'alliance que vous contractez aujourd'hui..... Comment douter qu'elle en ait fait l'objet de ses premières prières quand elle aura paru devant Dieu?

Au dessus d'elle et mieux qu'elle encore, j'entends au ciel une autre voix maternelle intercéder pour vous. C'est la voix de cette Vierge Marie que vous honorez et que vous aimez comme une mère, et dont l'image, du haut de son trône de fleurs et de lumières, préside à votre union. Naguère, conduite par vos parents chrétiens, vous alliez, mon enfant, lui recommander votre avenir dans son sanctuaire miraculeux des Pyrénées. Et lorsque, peu après, on vous proposa cette alliance, la foi de votre père se

plut à y voir la réponse de Marie à votre prière. Elle semble avoir voulu achever de prendre sous sa protection votre mariage, en vous ménageant, pour le célébrer, un jour du mois qui lui est consacré...
Ayez confiance : la protection de Marie est un gage infaillible de la bénédiction de Dieu!

141

www.ingramcontent.com/pod-product-compliance
Lightning Source LLC
Chambersburg PA
CBHW061618040426
42450CB00010B/2556